마음의 평온을 찾아서

마음의 평온을 찾아서

글·그림 최혜자

운주사

불화, 그 성불을 향한 여정

전통적인 동양사상의 견지에서 예술 활동의 목적은 단지 아름다움의 구현만이 아니다. 인간의 모든 행위는 불가사의한 내면에서 나오는 것이며, 인간이 밖으로 대상세계를 향해서 하는 모든 활동은 거꾸로 돌이켜져 자신의 내면에 기억되고 내면을 변화시킨다.

따라서 동양의 가르침들은 삶을, 세상에 대단한 무슨 족적을 남기거나 자신의 존재를 드러내기 위해서 주어진 것으로 보기보다는, 자신을 갈고 닦고 완성해가는 배움의 과정으로 이해하도록 이끈다.

당연한 결과이겠지만 학문의 세계나 예술의 영역에서 혹은 어떤 직업적인 분야에서, 내밀하고 고도로 지성적인 이 관점은 사람을 인간 활동의 처음부터 끝까지의 모든 과정으로부터 소외되지 않게 해준다.

사실 그래서, 수많은 옛 동양의 예술품 창조자들은 익명의 베일 뒤에 숨어 있다.

서산의 마애삼존불과 경주 남산의 불상들뿐 아니라, 석굴암과 다보탑도 그러하며, 한국불교회화사의 전성기 작품들인 고려불화의 대부분도 마찬가지다.

내가 이해하기로 최혜자 님의 부처님 그림은 그렇게 그려진 그림들이다. 그려진 그림이라기보다는 외롭고 고달픈 오랜 이국에서의 삶을 불교적 수행으로 내내 걸러 내온 결과들이다.

그림 공부를 따로 하지 않았으므로 그녀의 손끝에선 더욱 소박하고 진솔한 아름다움이 배어나오며, '창작'의 노이로제에 시달리기 쉬운 전업 작가가 아니므로 그 형상과 색조엔 자유와 평온의 환희심이 깃든다.

그녀는 그리는 작업을 통해서 부처되기를 향해 나아가는 수행자로 보이며, 그녀의 그림은 광명이며 구원의 손길로 다가온다.

깨달은 스승이 뱉은 한마디를 화두 삼아 선禪을 하다 깨치게 되는 것을, 고양이 그림을 무수히 모방하다가 그림에서 산 고양이가 튀어나오는 것에 비유하기도 하는데, 최혜자 님은 아마 부처님에 대한 타는 그리움으로 그리고 그리다가 마침내 그녀 스스로 참부처를 이루게 될 것이다.

약이색견아　이음성구아
若以色見我　以音聲求我
만일 누가 모습으로 나를 보려 하거나 소리로써 나를 들으려 하면

시인행사도　불능견여래
是人行邪道　不能見如來
이런 사람은 잘못된 길을 가는 사람이라, 끝내 부처를 보지 못하리라.

범소유상　개시허망
凡所有相　皆是虛妄

무릇 모양이 있는 것은 다 헛된 것이니

약견제상비상　즉견여래
若見諸相非相　卽見如來

만일 모든 모양이 다 실재하지 않음을 알면 곧 부처를 보리라.

금강경의 말이다.

2019년 3월

전 길상사 주지

덕현 합장

처음에는 부처님의 수행을 무작정 따르고 싶은 마음뿐이었다.
그러나 나의 오랜 신병이 내 몸에 꼭 달라붙어 있으니...
다만 마음속에 사무치는 그리움을 표현해보았다.

02 竹林馨

부처님의 가르침을 따르는 공부는 머리로 하는 공부가 아니기 때문에,
천재의식이나 사회적인 지식 같은 것은 아무런 보탬이 되지 않는다.
오히려 그런 것들을 하루속히 내 속에서부터 털어내 버려야만
자기 속에 웅크리고 앉은 스스로의 온갖 방해로부터 자유로워지면서
고요한 마음으로 자기 자신을 볼 수 있게 된다.
불교공부란 우리의 삶을 바람직하게 바꾸어갈 수 있음을 말하는 것이고,
몸과 마음이 그냥 조화를 이루어가면서 살도록 노력하는 것이다.
자신을 조용히 안으로 들여다보면서, 바로 자기 스스로가
자신을 수행해가는 것이다.

불교는 혼자 일어서고 혼자 닦아 나가야 하는 길이고,
바로 자기 자신이 해놓은 일의 결과에 의해서 그대로 자기가 받는다는 것은
자기가 자기를 책임진다는 것이다.
그 결과에 대한 책임을 피할 수도 없고
다른 사람이 대신 받아줄 수도 없는 오직 나만의 몫이란 뜻이다.
철저하게 나 자신이 나를 책임지고 또 거기에 따라서 내가
살아가는 하는 것이다.
이 점이 내게는 아주 마음에 들었다.
나의 반듯한 판단이나 양심의 실행에 의해
'나는 나의 삶을 내가 살아간다'이다!!
그러니까 나는 항상 눈 반짝 뜨고 또랑또랑 깨어 있어야
실수 없는 삶을 살아갈 수 있고
따라서 괴롭지 않는 결과를 받을 수 있는 것이니,
누구에게 빌 것도 없고 바랄 것도 없고
원망할 것도 없는, 스스로가 자기 자신을 책임지고 살아가야 하는
정신적으로나 영적으로나 어른이 되는 길이라 내 마음이 보다 편하다.

일상생활을 살아가는 가운데서도,

우리가 길을 걸을 때 이쪽도 휘둘러보고 저쪽도 휘둘러보면서

설렁설렁 걷다 보면 웅덩이에 빠지기도 하고 돌에 걸려 넘어지기도 한다.

그러나 앞을 똑바로 보고 한 걸음 한 걸음 주의하며 걷노라면

별 실수 없이 목적지에 무사히 도착할 수 있는 것처럼,

우리에게 주어진 인생의 삶이란 길을 걸어가는 것도 이와 같다고 본다.

이런 일 저런 일 참견하며, 이런저런 재미도 맛보다 보면

얻는 것보다는 결과적으로 잃는 것이 더 많더라 하는 것을 우리는,

어른이라면 거의 누구나 다 이미 일상생활 가운데서 자주 경험하여

아주 잘 알고 있을뿐더러,

때로는 스스로 부끄러워도 하고 후회도 하면서 살아가고 있다.

정신 바짝 차려서 내 마음을 똑바로 들여다보면서 내 마음이라는 이 존재가

철없는 야생마처럼 제멋대로 뛰쳐나가지 않도록 잘 잡아가면서

나에게 주어진 몫을 실수 없이 이끌어가는 것이 불교 공부를 하는

수행의 길이다.

잠자리에 들기 전에 오늘 내게, 내 주위에 있었던 일들을 되씹어 가면서
생각해가노라면 무의식적으로 목덜미가 화끈해지는 순간이 있다.
그러면 사람들은 그것을 더 이상 생각하고 싶지를 않아서
거의 무의식적으로 휙 하고 넘겨버리고 곧 뒤이어 다른 생각이 자동적으로
그 뒤를 잇는다.
그리고는 뒷목이 화끈하던 그 문제를 더 이상 기억하려 들지를 않는다.
여기에서 이것을, 이렇게 덮어 버리면, 언젠가 우리는 똑같은 실수를
아무런 의식 없이 또 저지르게 된다.
그러나 그 뒷목이 화끈하던 그 순간에 그 문제를 꽉 움켜잡고
그때 그것이 어떻게 하여서 그렇게 되었던가를 제3자의 입장에서 하나하나
냉정히 살펴보면 내 목덜미가 혼자서 화끈했던 이유를 알게 된다.
목덜미가 화끈했던 것은 양심의 소리이니,
나의 양심을 부끄럽게 했던 그 원인을 분석해서 알게 되면
적어도 그런 실수를 다시는 더 하고 싶지 않다는 마음이
스스로 나의 의식 가운데 자리잡게 되는 것이다.
이것이 바로 마음공부가 제자리로 자리잡기 시작하는 길이다.

조용히 앉아 자기 자신을 들여다보고 있노라면,

우선 나 자신의 잘잘못이 보이게 되고,

끊임없이 훌딱거리는 마음의 물결 속에서

잠시라도 그 흐름을 잡았다 놓았다 할 수 있게 된다.

이러한 노력이 계속되다 보면 그 잡을 수 있는 순간도 더 길어질 것이다.

결코 생각처럼 쉬운 노릇은 아니지만

"깨어 있으라 잠들지 말고 깨어 있으라"(『마태복음』 24장 39절)

특히 "잠들지 말고 깨어 있으라"는 예수의 가르침의 뜻이 이것이구나 하고

나는 느낀다.

우리에게 주어진 이번의 삶을 바르게 살아 후회 없는 삶을 가진다는 것은,
나에게 일어나는 작은 것도 한 번 더 생각해가며 사는 것,
항상 깨어 있는 자세와 정신으로
살아가야만 큰 실수 없는 삶을 가질 수 있게 되는 것이다.
이것이 바로 자기 마음을 잡아가면서 실행해 나가는
자기 훈련이요, 자기 수행이 아니겠는가?
눈 반짝 뜨고 바른 생각이 또랑또랑 하면서도 실수를 저지르는 경우란
거의 있을 수가 없는 것이다.

불교의 특징은 처음부터 끝까지 자기 훈련을 하는 것이다.
스스로를 닦고 익혀서 열린 삶을 이루려는 것이고,
자기의 몸과 마음으로 겪어본 실제 경험과 현상들을 통해서
지혜가 깊어져야 한다.
즉 불교를 공부해가는 길이란 깨어 있는 삶을 의미한다.

처음으로 찾아 모셔낸 부처님
감히, 내가, 꿈만 같고 하늘을 오른 듯...

불교는 나 혼자 구제받는 게 아니다.
부처님 말씀을 믿고 의지하며 뼈저린 자신의 훈련을 통해서
너와 나, 이것과 저것을 나누는 분별심이 없어질 때
보살심이 일어나 자연히 자비의 행동을 하게 된다.

참선은 꼭 가부좌를 틀고 앉아야만 하는 것은 아니다.
마음 자세가 더 중요하다. 서두르는 것은 항상 마음이 움직이고 있다는
증거이니, 급한 마음을 버리고 느긋하게 해야
실수를 범하지 않게 된다. 급하게 서두르는 사람들은
결국 마음이 고요하지 못하기 때문이다.

내가 그려놓고 내가 제일 좋아하는 그림이다.
이 속에 부처님의 가르침이 모두 들어 있으니...

2006. 죽림협

부처님의 가르침인 팔정도와 육바라밀을 통해서 수행을 하다 보면,
자연과 분별과 무분별의 세계를 알게 되며 그것을 통해서
분별의 힘은 약해져 가고, 무분별의 힘은 커져 가면서 찰나마다 일어나는
전체 마음작용이 바뀌어 간다.
마음에서 우러나오는 의문을 하나씩 풀어만 나가는 이 방법은
특별히 무슨 격식이나 순서가 따로 있는 것도 아니다.
그런 것으로 무엇을 어떻게 하겠느냐고 의심을 할 수 있으나,
사실이다!
조용히 자기 마음을 들여다보면서
일어나는 의문들을 하나씩 풀어나가다 보면,
나의 눈이 떠지기 시작한다.
깨닫기 위해서는 자기 자신 이외에는 어느 것에도 따로이
의지할 것이 없다.
마음이 흐르는 대로 따라가다 보면 깨달음의 길로 들어갈 수가 있다는
가르침이다.

07. 4. 유림헌

"어느 경우라도 논쟁은 절대 금물이다. 반드시 논쟁을 피하라." 이 가르침 때문에, 사람들 앞에 나서서 잘잘못을 잘 따져가며 대장 노릇을 하던 내가, 그냥 병든 노인으로서 입을 꼭 다물고 지내야 하는 억울한(?) 때도 있기는 하다. 그걸 그냥 콱! 쏘아주어야 하는건데, 하면서 꿀꺽 침을 삼킨다.

노여움은 마음의 평안을 휘젓는 가장 큰 독이다.

논쟁은 수도정진에 도움이 되지 않을 뿐만 아니라

법을 구하는 데도 도움이 되지 않는다.

논쟁을 하다 보면 애초의 의도는 사라지고 상대를 이기는 것이

목적이 되고 만다.

수도의 관점에서 보면, 상대방을 짓눌러 상대의 마음을 상하게 하는 것은,

그 상대에게는 이겼을는지 몰라도 자기 자신에게는 진 것이다.

결국 자신의 마음을 다스리지 못했기 때문이다.

불안과 성냄을 없애고자 하는 수도자가 오히려 그것을 일으키는

논쟁에 휘말리는 것은 진리를 버리고 삿된 감정에 집착하는 꼴이다.

논쟁은 사람에게서 자비의 마음을 빼앗을 뿐만 아니라 악업을 지게 한다.

"도를 듣고 진흙탕 싸움에서 말하는 것은 덕을 버리는 것이다"라고

『논어』에서 말한다.

07. 8.
죽담형

인간은 우리의 맑은 이성과 올바른 양심의 감시 아래
우리 자신의 능력을 사용할 필요가 있다.
이것은 우리 모두의 업이다.
인간은 스스로 자기를 구제해내어야 한다.
그때에 신도 인간을 구제해줄 수가 있는 것이다.
"신은 스스로 돕는 자를 돕는다." 혹은 "두드려라, 그러면 문은 열릴 것이
다."라는 서양의 속담도 스스로가 자기를 구제해야 함을 강조하고 있다.
인간 모두에게 불성이 있다는 것은 우리들 누구에게나 잠재되어 있는
자기 능력을 개발하도록 북돋아주는 힘이다.
신을 내세우지 않는 종교인 불교에서는
모든 중생이 다 불성을 가지고 있기 때문에
사람은 누구나 부처가 될 수 있는 자질을 가지고 있다는 것이다.
그러나 인간은 대체로 욕심과 번뇌에 사로잡혀
잠재하고 있는 그 불성이 나타나지를 못한다.
인간은 왜곡된 허울 속에서 살고 있기 때문이다.
이 왜곡된 허울을 벗겨내는 것이 불교 수행의 목적이다.

07. 7. 죽림형

계율을 지키고 마음을 평안이 하여 명상을 하고
깨달음과 지혜를 얻는다는 것은 불교 교리를 요약한 것이다.
계율을 지켜 나가기 위해서는 마음의 안정이 필요하고
또한 계율을 지키면 마음의 평정을 얻게 되고,
지혜는 마음이 평정한 상태에서 분명해지며,
지혜의 눈이 생김으로써 선정도 그 의의를 갖게 되는 것이다.
불교는 철학이면서 종교, 종교이면서 철학이다.
불교의 공사상을,
서양의 과학인 원자핵과 전자에 대한 이론이 발견되기 전까지는
서양 사람들은 도무지 이해할 수가 없었던 것이 사실이다.

07. 3: 죽림헝

불교의 역사는 마음 탐구의 역사이다.
내가 살아 있다는 것을 자각하는 것도 마음이며,
가장 확실한 것은 무엇인가 하고 생각하는 것도 마음이다.
그 마음을 의심할 수 있는 것도 마음뿐이다.

06.12.죽림형

의심하는 것도 납득하는 것도 모두 마음이기 때문에
그 마음만이 확실한 사실이라고 말하지 않을 수 없다.
마음에 떠오르지 않는 것은 우리들에게 있어서 존재하지 않는 것이다.
유식에서 '오직 마음'이라는 것이 바로 이런 뜻이다.

2006. 주림형

지금 여기에 살고 있는 이 인간의 존재, 그 자체에 직접 솔직하게
부딪혀서 나가려고 하기 때문이다.
그것은 인간을 본래의 인간으로 눈뜨게 하는 것이고
인간으로서의 자각을 불러일으키려는 것이다.
이 실태를 자각함으로써 다시 더 열린 영역으로 진출할 수 있다고 한다.
자각한다는 것은
이미 그것을 어느 의미로건 초월한 것이기 때문에 그러한 방법으로
근본의 자기에게로 돌아가도록 하는 것이다.

나는 관세음보살을 흉내 낼 수도 없는 존재임을 잘 알고 있다.
그러나 다음 생에서라도 관세음보살의 그림자라도 좇아갈 수 있는
그런 사람이 되고 싶다.
그래서 이렇게 대원을 세우면서 이어가는 공부인 것이다.

2006.8. 죽림형

불교는 갈등의 원인을 찾아서 해결해 나가는 공부를 가르친다.

우리의 삶을 구체적으로 분석 설명해주면서, 삶을 바람직한 방향으로 바꾸어 가자는 가르침이다.

불교를 공부한다는 것은 스스로 익어서 열린 삶을 이루려는 것이다.

직접 수행을 하여 자기의 몸과 마음으로 실제 경험한 형상들을 통해서 앎이 깊어져야 한다.

자기의 마음을 발판으로 하여, 그것의 변혁을 통해 진리에 접근해야 한다.

자기의 마음을 관찰하고 수도하고 변혁하여, 관찰에 입각해서

현상을 충실하게 알아내는 것이 우선 수행인이 해야 하는 것이다.

수행법의 특징은 모든 생각이 일어나고 사라지는 것을 한 발자국 뒤로 물러선 상태에서 주시만 하는 것이다.

수행은 삶의 논리적 근거를 명확하게 제시하여 우리를 자유롭게 해준다.

그리하여 분별을 떠난 청정한 삶을 살 수 있게 하는 것이다.

따라서 특별한 현상이 일어나도

이에 집착하지 말고 이제까지 현상을 보듯이 객관적으로 보아야 한다.

현행하는 이 순간의 힘이 제일 강하기 때문에,

현행하는 힘을 잘 관찰하면 고요함으로 흐르게 되고, 이제까지 잘못되어 온 나쁜 습관을 고쳐나갈 수 있게 된다.

즉 업을 수정해나갈 수 있다는 말이다.

이런 관찰을 해나갈 때는 항상 제3자의 입장에서 보아야만 한다.

2007. 7. 죽림형

2007. 8. 죽림형

불, 법, 승, 삼보

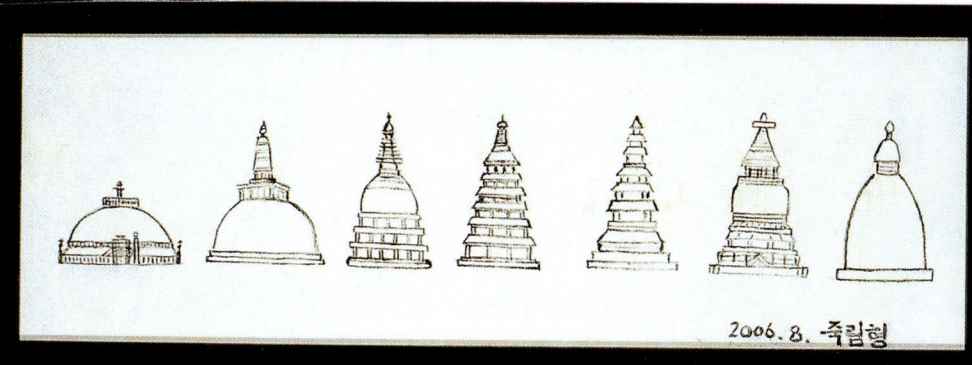

2006. 8. 죽림형

책을 읽거나 생각으로만 안다는 것은 공중에 뜬 누각일 뿐이다.
내가 직접 실천해보았거나 아픔을 통한 체험을 통해 얻어진 것이라야만
참으로 소중하고 언제 어디서나 자신 있게 활용할 수 있는 재산이다.
뿐만 아니라 남에게도 도움이 되어줄 수 있는 것이 되겠다.

2007. 5.
竹林馨

종교란 우리에게 가장 근본적인 진리를 가르치는 것이며,
종교의 목적은 처음부터 끝까지 자기완성이고,
이는 오로지 극기의 수행과 실천에 의한 자기발전이다.
그러한 믿음 위에서 고요한 삶을 찾아 꾸준히 노력하면서
마음이 안정된 삶을 살아간다는 것은 생각만 하여도 기쁨이 가득하다.
종교를 갖고 산다는 것은 일종의 반성의 연속이기도 하다.

2007.3 예림당 최예나

유난히도 불같은 내 성격을 가라앉히는 방법으로 나는 사념처 수행의
가르침에 따라보았다.

"최○○여, 오늘도 당신은 온화하고 다정하고 부드럽고 평온한 하루를 보내
소서."

"최○○여, 오늘도 당신은 온화하고 부드럽고 평온한 사람이 되소서."

마치 자기 자신을 부처님 모시듯 모셔서 기도하고서 그 다음에는
고운 사람부터 시작해서 미운 사람까지 다 그와 같이 모셔서 기도하고
끝으로 다시 한 번 더 자기 자신을 모셔서 기도하는 이 방법을 따라보았다.
나는 좀 게으른 편이라 중간 부분은 적당히 했지만 그래도 계속해갔다.
어떤 계기에 어떤 일로 열이 불처럼 올라붙으려던 성깔이
"최○○여, 오늘도 당신은… " 하는 문구가 문득 떠올라, 너무도 당황하고
쑥스러워 화가 그냥 주저앉아버리는 경험을 몇 번 갖게 되니
이제 어지간한 일에도 꽤나 착해져가고 있다.

실제로 내가 직접 해본 경험이라 마음 편하게 다른 이들에게도 권할 수 있다.
다소 유치한 듯하지만,
실로 인간이란 다 그런 범위 속에서 살고 있는 것이 아닌가?

자비와 지혜를 키우는 방법 중에 큰 줄기가 명상수행이다.
실은 오늘날의 우리들에게 절실하게 필요한 것이 바로 이
명상수행을 생활화하는 것이다.

내가 죽는 날
일가친척이 하나도 없는 타국에서 당황할 외아들이 안쓰러워
49불을 그렸다.
그 그림의 앞 밑단에 내 사진을 놓고 향을 피우면서
"어머니, 좋은 길을 찾으세요." 하고 묵념을 하면 된다고 일러둔다.

2009. 9.   竹林馨   최 혜자

공이란 모든 집착을 떠나서
더러운 마음도 씻어내고 쓸데없는 노력도 버리고
그냥 자연의 순리에 순응하는 것이다.
숨을 깊이 들이마시고 길고 고요하게 내뱉는 숨쉼을 계속하라.
저절로 여러 잡스러운 생각들이 사라지고 잔잔한
자기 자신을 유지해낼 수가 있어진다.
공과 대립되는 것은 오온으로 인한 것뿐이다.
색, 집착, 탐욕, 분노, 어리석음, 애욕 등을 고요한 숨쉬기로 정리해 가노라면,
이것이 바로 공의 가르침임을 알게 된다.

삼매란 바로 부처님과 하나가 되는 마음이다.
한 생각을 잘 다스리는 것이 수행의 중심이라고 할 수 있다.
부처님께서는 "한 생각의 공덕이 참으로 무량하다."라고 하셨다.
우리가 부처님의 법을 공부하는 것도 부처님의 가르침이,
무한한 값을 지닌 생각을 이끌어내게 해주기 때문이다.
우리의 한 생각이 부처님과 하나가 되기 위해서는
기도하고 염불하는 것이 중요하다. 기도와 염불은 끊임없이
부처님을 생각하는 마음이며 부처님과 하나가 되게 하는 통로이다.
그렇게 부처님이 우리 마음속으로 흘러들어와 주체가 되는 것이다.

2008. 7.25
죽림영

염화미소의 가르침은
더욱 넓게 더욱 깊게 그렇게 퍼져 나간다.

아프리카를 향한 나의 사랑

아프리카여! 오, 아프리카여!
깨어나고 일어서라
지금은 그대들의 차례
기회란 스치듯이 지나가는 것
결코 기다려주지는 않는다

스스로 깨어나고
스스로 일어서라

남의 도움이란 나의 게으름만 길러주고
스스로 일어설 수 있는 힘을 밀어낸다

내가 눈뜨고
내 스스로가 깨어나고
내 스스로가 일어설 수 있어야만
그때서야 내 것이 되고, 내가 잡은
나의 참 기회가 되는 것!

아프리카여! 오, 아프리카여!
깨어나고 일어서라
스스로의 힘으로
벌떡 일어서다오

'무'라 함은 없음이 아니라, 오온으로 이루어진 사물에는
마음을 두지 않고 유유자적한 상태로 진리의 가르침에 따라 실행하고
실천하며 아무것에도 얽매이지 않는다는 뜻이다 .
어떤 것에도 마음을 빼앗기지 않고 좋은 일만 하면서 산다는 것이다.

도라 이름 지어진 것에는 반드시 실천이 함께한다.
바른 것에 대해서는 바른 믿음을 가지고 철저하게 수행하는 곳에
확고한 확신이 자라나는 것이다.

나라는 것에 대한 집착을 버릴 수 있다면,
내면의 마음은 안락한 상태가 된다.
인간은 자신의 마음을 제어함으로써 안락한 상태를 실현할 수 있고,
더 나아가 변하지 않는 커다란 행복을
마음속에서 실현하는 경지에까지 이를 수 있다.

tolérance

(톨레랑스)

불교는 안락을 얻기 위한 올바른 가르침이다.
자신의 인생을 차분히 반성해보고 모처럼의 이 귀중한 삶을 혹시나 헛되이
낭비하고 있지는 않는지 철저하게 생각해야 한다.
고요한 상태에서 자신의 인생에서의 득과 실이 무엇인가를 생각해보자.

오직 한마음으로 생각한다는 것은,
마음이 전혀 동요 없이 거기에 집중할 수가 있다는 것이다.

차분한 마음으로 현실을 관찰하고 새로운 길을 찾아가는 데
가장 좋은 방법은 올바른 호흡이라는 가르침을 주신다.

3.2010. 竹林馨

너무도 황홀하고 너무도 광대하고 너무도 고요해,
나의 마음도 덩달아 잔잔한 행복에 젖는다.

우주가 진리이고 진리가 부처이다.
부처님의 가르침은 진리의 가르침이고 자연의 순리이다.
드넓은 우주를 크고 넓게 바라보고 있노라면
사방에 계신 부처님을 모두 만나 뵙는 듯해진다.

연꽃을 보노라면 부처님의 침묵과 가섭의 미소가 보인다.
연꽃에는 침묵의 향기와 함께
슬픔과 분노를 소멸시키는 아름다운 힘이 들어 있다.
부처님의 미소를 보면 부처님이 이 세상에 오신 까닭이 담겨져 있는
오묘한 상징으로 연꽃이 떠오른다.

스스로가 마음을 밝혀가는 것이 부처님의 가르침이며,
이것이 바로 불교의 근본 교리로서
착한 일을 행함은 사회적인 의무라 한다면 수행의 길에서 보면
마음을 맑게 하는 일부터 먼저 시작하는 것이 우선이라 하겠다.

모든 문제는 결국 마음의 문제이고,
마음속에서 스스로가 결정해서 나가는 것이다. 괴로움이 끝난 자리,
모든 고통을 이겨낸 그 자리가 바로 부처님이 말씀하신 열반의 자리이다.
열반이란 모든 번뇌가 소멸된 자리이고 모든 고통을 극복한 자리이다.
불교에서 말하는 구경의 경지란
무한한 고통의 극복 끝에 오는 지극한 안락의 자리이다.

관자재보살 행심반야바라밀다시 조견오온개공 도일체고액
사리자 색불이공 공불이색 색즉시공 공즉시색 수상행식 역부여시
사리자 시제법공상 불생불멸 불구부정 부증불감 시고
공중무색 무수상행식 무안이비설신의 무색성향미촉법
무안계 내지 무의식계 무무명 역무무명진 내지 무노사 역무노사진
무고집멸도 무지역무득 이무소득고 보리살타 의반야바라밀다고
심무가애 무가애고 무유공포 원리전도몽상 구경열반
삼세제불 의반야바라밀다고 득아뇩다라삼먁삼보리
고지반야바라밀다 시대신주 시대명주 시무상주 시무등등주
능제일체고 진실불허 고설반야바라밀다주 즉설즉왈

아제 아제 바라아제 바라승아제 모지 사바하
아제 아제 바라아제 바라승아제 모지 사바하
아제 아제 바라아제 바라승아제 모지 사바하

마음에서 일어나는 감정, 특히 감각에 현혹된 감정을
다스리기 위해 노력해야 한다. 그러한 감정이
우리의 적이 되고 마귀도 되는 것이다.
감각적 쾌락은 사실 포기하기가 정말 어렵긴 하지만,
수행을 제대로 하려면 우선 이런 감정들을 바로 알아야 한다.

행복을 찾아 어디로 나설 것인가?
이만한 곳이 그리 별로 없다.
스스로 받아들이고 생각하고 실천해감에 따라서
여기가 바로 낙원인 것이다.

우리는 집착을 버리고 참다운 지혜를 깨닫기 위해 수행을 한다.
보고 듣고 받아들인 그 많은 지식들을 정리하려면
고요히 본래의 자기 자신으로 돌아와 그 대상을 바라보아야 한다.
밖으로 달려 나가 있던 자신을 도로 불러와서
마치 대상을 바라보듯 냉정히 하나하나 풀어서 다시 들여다보노라면
그제야 그것들이 내 것이 되는 것이다.
그런데 현대의 우리들은 이런 순서는 잊어버리고 그저 밖으로만
달려 나가려 하고, 무엇이든 무턱대고 많은 지식을 흡수하려고만 한다.

Dec 2011

자기 내면의 소리, 부처님의 육성에 귀를 기울여 살아가는 사람에게는
참된 힘이 생겨나고 이 세상에 큰 도움을 주게 된다.
그들에게는 모든 것이 기적이요 불가사의다.
기적은 누구에게나 가능한 것이고, 마음먹기에 달린 일이다.

연밭 위에 고요히 앉으신 부처님
환희의 밝은 빛이 온 세상을 뒤덮는다.

나무석가모니불!
나무석가모니불!
나무시아본사석가모니불!

에필로그

1997년 가을에 나는 두 눈을 수술하는 일이 있었다.
만약 운이 나쁘다면 다시는 빛을 보지 못할 수도 있겠구나, 하는 생각이
수술대에 실려 가는 사이에 들었다.

마취를 하고 누워서 아무것도 보이지 않는 캄캄한 세계에서 나는 갑자기
연꽃을 그리고 싶었다.
그것도 아주 간절한 마음으로.

그림공부라고는 중·고등학교까지 하는 미술 시간 외에는 따로이 받아보지
도 못한 처지이니 색깔을 넣어 그린다는 것은 감히 엄두도 못 내고, 붓글씨
를 써본 경험이 좀 있어서인지 먹물 붓으로 그리는 흑백의 그런 그림을
상상하면서 마음속에서는 벌써 구도를 잡아가는 것이었다.
퇴원 후 눈을 반쯤 찌그러뜨리고는 종이와 붓을 찾아서 연꽃을 정성을 다해
그려보았다.

옆에서 좋다고 칭찬을 해주는 덕분에 여러 장을 그려서 원하는 서양 친구들

에게 나누어 주었던 적이 있다.

그리고 초등학생용 물감을 사다가 색깔을 칠해보았으나 그것들이 마음에 찰 리가 없었다.

그러다가 2002년에 들어와서야 용기를 내어서 유화물감을 사들였다.

그런데 실은 이 물감들을 어떻게 섞어야 하고 취급해야 하는지를 알 수가 없었다.

집 안에서 오직 나의 병들과 함께 혼자서 지내는 형편이니 가르침을 청할 사람도 없었다.

그런데도 나는 간절히 내 마음속의 무엇을 그리고 싶었다.

어느 날 문득 용기가 나서 잘 알지도 못하는 유화물감을 열고 부처님을 그리기 시작했다.

두 장을 한꺼번에 그렸는데, 한 분은 철 조각처럼 딱딱해 보였고 다른 쪽은 시골에서 막 상경한 촌사람 같았다.

화판을 덮어놓고 며칠이 지난 후에 다시 붓을 들고 그 위에 새로운 각도로 부처님의 모습을 잡아보았다.

옆으로 약간 고개를 숙인 반 옆모습으로 웃머리 부분 절반에서 목선까지의 모습을 잡아서 그렸는데 내가 원하는 나의 부처님의 모습이 비슷하게 나타나 주셨다.

한 분은 눈을 살짝 뜨신 모습으로, 다른 한 분은 눈을 지그시 감으신 모습으로, 조용한 미소와 평화스러움이 자연스럽게 나타나 준 것이다.

이것은 너무나 뜻밖의 일이요 기쁨이었다.

어떻게 그리 되었는지는 모르겠으나 여하간 내가 기쁨에 벅차 집 안의 벽마다 걸어놓는 그림들이 계속 늘어갔다.

언제나 나는 두 장을 함께 같이 그려 나가는데 이쪽 고치고 저쪽도 고쳐가면서 양쪽을 맞추어가다 보면 대략 두 달이 되어야만 내 이름을 써 넣게된다.
불경을 읽어가다가 기쁨이 가득 찰 때 나는 그 기쁨으로 붓을 잡고 부처님의 미소를 따라간다.

불경과 그림 사이에서 매일같이 몇 시간씩 보내고 나면 저절로 나는 충만함에 빠져서 그날그날을 중병 든 사람 같지 않게 평화스러움 속에서 보낸다.
그림을 그린 것이라기보다는 나의 진심한 마음수련의 자세로 임하면서 부처님의 고요한 미소와 편안한 안정됨을 따르고자 하는 그 마음뿐이다.

우선 내 마음부터 가다듬고 안정된 자세에서 붓을 잡는다.
또 다 그린 그림 속의 부처님들을 바라보면서 느껴가는 이 터질 것같은 기쁨들을 이루 표할 수는 없으나, 나는 병든 자의 고통과 외로움을 안정시켜 갈 수가 있어서 행복하다.
처음에는 내 가슴속에 그리는 부처님을 생각하며 그리기 시작한 마음이 어느 날부터인가 아프리카의 고통을 생각하기 시작하였다.

'아프리카여!'
'오, 아프리카여!'
하면서 아프리카에서 태어나야 할 그 부처님을 그리기 시작했다.

이렇게 아프리카의 부처님이 십여 장 나오고 보니 나의 마음은 우주로 올라가 드넓은 우주의 어디에나 계신 부처님들을 만나 보면서 그분들의 무한한 사랑과 능력 속에 정신을 모조리 바치고 지내다보니 저절로 『반야심경』의 참 가르침의 노랫소리가 들리는 듯하였다.

그러면서 나는 내가 살 낙원을 찾아 내려오니 금비가 쏟아지는 연밭 위에 살포시 앉아 계신 부처님을 뵙게 되었다.
나무 석가모니불!!!

그리고 10여 년쯤 전에, 나는 그때까지 내가 만나고 그려온 부처님들과 부처님 법을 공부하면서 느낀 단상을 엮어 가족과 지인들에게 나눠주었다.

이제 세월이 흘러, 내 마지막 삶을 정리하고자 파리를 떠나 다시 한국살이를 시작하면서, 이미 내 책을 세 권이나 출간한 운주사에서 이렇게 정식 책으로 만들어 출판하게 되었다.

지금껏 나를 지탱해준, 그리고 얼마 남지 않은 생을 함께해줄 모든 인연에 감사할 따름이다.
나무 석가모니불
나무 석가모니불
나무 시아본사석가모니불

2019년 3월
죽림형 최혜자

죽림형竹林馨 최혜자

1938년생.

돈암초등학교와 경기여중·고, 고려대학교를 졸업하였다.

1973년 태국으로 이주했으며, 마하짜끄리시린톤 공주의 법구경 해설 시집 『불교 격언에 따른 시』를 번역·출판(86년)하면서 불교와 인연을 맺었다.

1988년부터 프랑스 파리에서 살다가 2018년 가을 한국에 돌아왔다. 30대 말부터 질병으로 인해 정상적인 사회생활을 할 수 없는 상태에서 오로지 불교 공부와 그림 작업에 매진하였으며, 그 결실을 모아 이번 책 『마음의 평온을 찾아서』를 비롯해서 『아들에게 남기는 어머니의 마음공부』(올해의 불서 10), 『아픔을 다스리는 마음공부』(세종우수도서), 『아름답게 늙어가는 지혜』 등을 펴냈다.

마음의 평온을 찾아서

초판 1쇄 인쇄 2019년 3월 17일 | 초판 1쇄 발행 2019년 3월 24일
글·그림 최혜자 | 펴낸이 김시열
펴낸곳 도서출판 운주사

(02832) 서울시 성북구 동소문로 67-1 성심빌딩 3층
전화 (02) 926-8361 | 팩스 0505-115-8361
ISBN 978-89-5746-543-1 03220   값 15,000원
http://cafe.daum.net/unjubooks 〈다음카페: 도서출판 운주사〉